Léon

À SON MEILLEUR !

VOLUME 3

PAR
ANNIE GROOVIE

Léon

LE PLUS RIGOLO DES CYCLOPES !

Curieux et mordu d'émotions fortes, il n'hésite pas à prendre des risques qui le mettent souvent dans de drôles de situations. Mais **Léon** est futé et débrouillard, alors il finit toujours par s'en sortir. Bien qu'il soit gourmand et un peu paresseux, il est un acrobate émérite. À tel point qu'il peut faire les acrobaties les plus folles sans jamais se blesser. Enfin, **Léon** a un don bien spécial : il peut enlever ses membres à sa guise, sans douleur, et les remettre ensuite à leur place. Très cool, non ?

Le Chat

UN FÉLIN PLEIN D'ESPRIT

Il est le meilleur ami de Léon, même si ensemble ils prennent un peu trop souvent plaisir à se jouer de mauvais tours. Mais comme on dit : «Qui aime bien châtie bien». Ils sont deux parfaits complices. Le **Chat**, aussi cyclope, est plus timide et beaucoup plus réservé que Léon. Mais, malgré tout, il se laisse entraîner dans toutes sortes d'aventures folles.

Lola

LA SÉDUISANTE AU GRAND COEUR

Elle est jolie, charmante, intelligente et rigolote. Tout pour plaire à Léon, quoi ! Très douée en sports, il lui arrive même de battre son ami, ce qu'il a beaucoup de mal à digérer. **Lola** aime bien Léon même s'il s'amuse souvent à la faire fâcher. Elle trouve aussi le Chat très mignon (ce qui ne fait pas trop l'affaire de Léon...). Serait-il amoureux d'elle ? Ensemble, ils forment le parfait trio !

Salut Léon ! J'arrive, il me reste juste à m'attacher les cheveux.
Pourquoi ? As-tu peur de te les faire voler ?

SUJET PASSIONNANT…

De quoi vas-tu nous parler aujourd'hui, Léon ?
De quelque chose de très intéressant…
… de beau, d'unique !
Ah, oui, et qu'est-ce que c'est ?
Moi !

PIT ! PIT ! PIT !

Pit ! Pit !
Tiens ! Voici des bons morceaux de pain pour les ti-oiseaux.
Et encore d'autres morceaux !
Allez, mangez, mes petits !
LE LENDEMAIN MIDI
T'as pas de lunch aujourd'hui ?

ÇA TOURNE !

Léon, mais qu'est-ce qui t'arrive ?
Je viens d'apprendre que la Terre tourne à 1670 km/h !
Et puis, qu'est-ce que je peux faire ?
Trouve le frein !

PAUVRE PINTE DE LAIT...

J'aimerais pas ça, être une pinte de lait...
LAIT
... elles doivent être déprimées.
Vivre en hiver toute leur vie et, en plus...
... dans le noir total !
Pauvre toi !
LAIT
Bonne nuit quand même...

SOURIEZ !

OK, rapprochez-vous.
Parfait ! On ne bouge plus.
Clic !
Euh... youhou ?
Où êtes-vous ?
Ici !
Vite ! Dépêche-toi
de nous développer !

TOUT EST RELATIF...

Le film commence juste
dans une heure.
SUP
C'est long, une heure !
C'est pas si long
que ça, penses-y.
Quand il te reste juste
une heure à dormir avant de
te lever pour aller à l'école...
... ça passe vite,
non ?
Il a bien trop raison !

MAUVAIS RÊVE...

Tiens, salut Lola !
J'ai justement rêvé à toi la nuit passée...
Ah, oui, et c'était quoi, ton rêve ?
Tu n'arrêtais pas de péter, et ça puait terriblement !
Attends, c'est pas fini...

DRÔLE DE CALCUL...

BOUTIQUE
JEU
Cool !
Quoi ?
J'ai plus d'argent que tantôt !
Ça se peut pas...
Oui, j'avais juste 1 $ et maintenant, j'ai 50 ¢ ! Wow !
Il devrait être un peu plus attentif durant les cours de math...

HAUT SECOURS...

Qu'est-ce qui lui prend ?
?!
Il m'a dit ce matin qu'il était devenu zen.
Je suis zen, je suis zen...
... et je suis mieux de le rester...
... parce que je flotte haut en titi !

PAUVRES FILLES...

As-tu déjà remarqué le signe sur la porte des toilettes des filles ?
C'est une fille en robe.
Et puis ?
Si les filles ont envie et qu'elles ne portent pas de robe ce jour-là, qu'est-ce qu'elles font ?
!

ALLÔ ! C'EST QUI ?

Dring !
Allô ?
Allô, c'est moi !
C'est toi ?
Non, c'est moi !
C'est moi ? Et toi ?
Moi, eh bien, c'est moi !
Alors je suis qui, moi ?
Euh, bien tu es moi !
Moi aussi ?
Clac!
Et si c'était moi, je suis qui, moi ?
Je me sens un peu perdu...

EXCUSE PRATIQUE

Salut ! Je peux avoir l'heure s'il te plaît ?
Désolé, ma montre ne fonctionne pas.
Pourquoi tu la portes, alors ?
?
C'est pratique.
!
Ça me donne une bonne excuse quand je suis en retard !

LE TEMP$!

Salut Léon !
As-tu l'heure, s'il te plaît ?
Oui, mais c'est 1$!
?!
1$ pour avoir l'heure ?
Ah, tu ne connais pas l'expression ?
Le temps, c'est de l'argent !

ÇA PRESSE !

Les gens sont bien trop pressés de nos jours.
Eh oui, ça n'a aucun bon sens.
Oh ! Déjà 16 h, je dois y aller !
Bye !

GRAND EXPLORATEUR

Salut ! Tu vas où comme ça ?
À la recherche du temps perdu !
Wow !
Et que feras-tu quand tu l'auras retrouvé ?
La plus longue sieste de l'histoire !

TRÈS FORT !

Avant que les montres existent, on lisait l'heure en se fiant au soleil.
Moi aussi, je sais faire ça ! En ce moment, je dirais qu'il est midi !
Wow, tu es vraiment doué !
Non, j'ai faim...

BOUCHE BÉE...

Mon sandwich n'est pas très bon...
Il goûte la vieille chaussette sale !
Comment tu le sais ?
Tu en as déjà mangé ?

À VOTRE SERVICE !

Voilà votre soupe !
Vous désirez autre chose ?
Oui, un verre d'eau s'il vous plaît.
Voilà !
Merci !
On n'est jamais si bien servi que par soi-même !

PAUVRES CHATS...

Léon, tu manges du poisson ?
Non. J'essaie de me mettre dans la peau d'un chat...
Et puis, c'est cool, non ?
Beurk ! Pauvres vous, je ne sais pas comment vous faites pour manger ça !

TOP SECRET

Allô ! Qu'est-ce que tu fais ?
J'écris dans mon journal intime.
Je peux le lire ?
Mais non, c'est secret.
Pourquoi tu l'écris alors, si tu ne veux pas qu'on le lise ?
?

TOUT UN EXPLOIT !

Ouf! C'est vraiment dur de ne penser à rien !

EXPÉRIENCE CONCLUANTE

As-tu déjà essayé de siffler en mangeant des biscuits secs ?
Non !
Essaie, tu vas voir...
!
Ça marche pas !

PROMENADE MACABRE

C'est bon de se balader dans la nature.
Je croyais que tu n'aimais pas les cimetières.
C'est vrai, mais pourquoi tu dis ça ?
T'as pas vu toutes les feuilles mortes qu'il y a par terre ?
!

SACRÉS SACS !

Je viens d'acheter ce sac à sacs !
Très pratique pour ranger tous mes sacs en plastique.
Par contre, je sens qu'il va se remplir vite...
!
Il va me falloir un sac à sac à sacs !
Puis, un sac à sacs à sac à sacs...
Hummmm... pas sûr d'avoir fait un si bon achat...

COMPLÈTEMENT ABSURDE !

Salut !
Regarde, j'ai deux bras et deux jambes !
Oui, et puis ?
Eh bien, ça aurait pu être le contraire !
!
Il ne faut pas chercher à comprendre...

RÉVÉLATION INTÉRESSANTE

Léon ! Qu'est-ce que tu fais ?
!
Je cherche le sens de la vie !
Et puis ?
Ça marche dans tous les sens !

TRISTE RÉALITÉ

Ça va pas ?
Bof.
Qu'est-ce qu'il y a ?
Je ne suis qu'un dessin. Je ne suis pas réel.
Ouch, tu m'as pincé !
Alors, tu vois bien que tu es réel !

ÉCRIVAIN À L'ŒUVRE

Salut ! Qu'est-ce que tu écris ?
L'histoire de ma vie.
Déjà ? T'es pas un peu jeune ?
Je prends de l'avance.
Ah, oui ? Et ça finit comment ?
Euh... ben...
... par FIN !

BRRRRRRRR...

Ouf ! La slush, ça gèle le cerveau !
Ouais, mais ça a aussi ses bons côtés.
Ah, oui ?
Oui, ça rafraîchit la mémoire !

TOUT UN RÉCIT !

Salut,
tu lis quoi ?
Une histoire avec
beaucoup de monde.
La Bible ?
Euh... l'*Odyssée* d'Ulysse ?
Non, le bottin
téléphonique !

PAS SI BÊTE...

Léon, qu'est-ce
que tu fais là ?
Je me protège
du soleil...
Tu n'as
pas chaud ?
Oui, mais le
corps est composé d'au
moins 60 % d'eau...
Et puis ?
J'ai peur de
m'évaporer !

CHALEUR EXTRÊME

Ouf! Quelle chaleur, tu ne trouves pas?
Léon?
Oups... Il a fondu!

LA GRANDE DÉCLARATION

Lola, je veux te dire quelque chose depuis longtemps.
Tu es la plus belle, la plus gentille, la plus extraordinaire des filles...
... et je crois que je suis amoureux de toi.
Lola?
Tiens, salut Léon, ça va?

MEILLEURE CHANCE LA PROCHAINE FOIS...

Tiens, Lola !
C'est joli, ta nouvelle coupe de cheveux !
!
C'est pas Lola, c'est moi, Léon !
Tu portes une perruque ?
Non, je voulais me teindre les cheveux en vert...
... alors je les ai lavés avec de l'engrais à gazon...

NAPO... LÉON !

Enfin célèbre. J'ai ma statue !
SPLOUSH !
Beurk...
!
Tiens, ce perchoir me rappelle quelqu'un...

BLANC COMME NEIGE

Salut!
Et puis, comment tu la trouves?
!?
!
Euh... y a rien dessus...
Quoi, tu ne vois pas? C'est une grosse tempête de neige.
Franchement!

GROS MAGASINAGE

Salut!
?
Tu vas où avec ton échelle?
Au magasin, faire des courses.
Des courses avec une échelle?
?
Oui, t'es pas au courant?
!
Ça a l'air que les prix ont grimpé pas mal ces derniers temps!

TOUT UN CONCERT !

Salut !
J'ai des bonnes places pour un concert en plein air.
Cool !
Suivez-moi !
?
!
C'est ici !
!
C'est bon, non ?

NOBLE INVENTION

Regarde ma toute nouvelle invention !
C'est quoi ?
Le parfum de la paix !
Avec ce parfum magique, fini les chicanes, fini les guerres.
À moi le prix Nobel de la paix !
Et ça marche ?
Oui, regarde !
Beurk...
Tu vois, essaie de faire la guerre maintenant !
!

FASCINANT !

Lola, regarde ce que je me suis acheté !
Qu'est-ce que c'est ?
Un GPS.
?!
Un quoi ?
Un GPS. Avec ça, je sais où je me trouve.
Et tu es où, là ?
Euh... exactement ici !
Vraiment fascinant...

JALOUX !

C'est pratique, Internet...
Avec ça, on peut tout savoir en quelques clics !
Comme, euh... tiens...
Qui est le plus bel homme du monde ?
Quoi ? Brad Pitt !
BRAD PITT EST LE PLUS
HOMME DU MONDE.
On ne peut vraiment pas se fier à la technologie !

Y A DES LIMITES !

SALUT LÉON !
Le Chat
Avec les ordinateurs, on peut être avec nos amis sans sortir !
Et on peut même jouer à la balle !
Tiens, attrape !
Hum... la technologie n'est pas encore tout à fait au point...

VIVE LA TECHNOLOGIE !

BONJOUR, JE SUIS L'HOMME ORDINATEUR.
DEMANDEZ-MOI N'IMPORTE QUOI...
... ET JE VAIS VOUS RÉPONDRE !
Euh... OK : «Combien font 1523 x 432 ?»
DÉSOLÉ, VOUS DEVEZ D'ABORD ENTRER VOTRE MOT DE PASSE.

À VENDRE !

Ah, Internet !
C'est vraiment trop cool.
Je peux acheter tout ce que je veux...
... sans me déplacer !
Ouin, je me demande bien ce que je vais faire avec tout ça...
Je pourrais tout revendre sur Internet !

GÉNIAL ?

Regarde, mon nouveau téléphone !
Wow ! Il est vraiment petit !
Oui, c'est génial.
Dring !
Dring !
Euh... tu ne réponds pas ?
Je voudrais bien mais le bouton est trop petit...
Il te faudrait un doigt miniature...

LONGUE VIE À LÉON

Wow !
Grâce au progrès de la science, je vais vivre très vieux.
C'est vraiment super, je vais pouvoir faire plein de choses comme...
Euh...
Euh...
En tout cas, j'ai le temps d'y penser !

BONNE LECTURE !

?
Salut Léon, qu'est-ce que tu fais ?
J'essaie de lire un CD.
Et je peux te dire que ce n'est pas facile !
?
J'admire vraiment les lecteurs CD !
!

GARÇON !

Ah, ce robot domestique, quel bonheur !
Il fait tout à ma place, je n'ai plus rien à faire.
Vraiment rien.
Ouin, c'est long, rien faire...

LOIN, LOIN...

Ah, la conquête de l'espace !
C'est vraiment excitant.
Toutes ces nouvelles galaxies à découvrir...
... et peut-être une autre planète, comme la nôtre !
Je me demande s'ils ont de la crème glacée là-bas ?
Sinon, j'y vais pas.

TOUJOURS PRÊT !

@#? ⚡!
C'est complètement ridicule !
Ça ne peut pas continuer comme ça.
J'en ai assez de tous ces imbéciles !
Ouf !
Merci, ça m'a fait du bien.
Pas de problème, quand tu veux !

GROS PROBLÈME...

Salut !
!
Pourrais-tu te fâcher contre moi s'il te plaît ?
Allez, ça m'aiderait ?
J'ai brisé mes lunettes toutes neuves.
Et puis ?
Je ne suis pas capable de m'en vouloir.
!
Je crois que je m'aime trop...

RIEN À FAIRE...

Lola, ça va ?
!?
Tu boudes ?
Pourquoi tu boudes ?
J'sais pas.
!
Bon, je crois que je vais y aller, moi.

ÇA VA ?

#?!
Ça va pas là-dedans ?
Mais qu'est-ce qui te prend ?
J'en ai assez de tes conneries !
T'as compris cette fois ?
#?!
T'es mieux de pas recommencer.
?!
Je pense que j'ai perdu le contrôle...

D'ACCORD ?

Je ne suis pas d'accord avec toi.
Non, JE ne suis pas d'accord avec toi.
Non, c'est moi.
Ah, non, c'est MOI !
On est donc d'accord qu'on est pas d'accord ?
Oui.
On est au moins d'accord là-dessus.
!

BOUDONS ENSEMBLE

Qu'est-ce qu'il attend pour s'excuser...
Je commence à avoir faim...

VAS-Y, CONTINUE !

Pardon.
Je suis vraiment désolé.
S'il te plaît, pardonne-moi ?
Je t'en prie...
Je ne sais pas pourquoi il me demande pardon, mais j'aime ça.

TOUT SE VEND !

Achetez ! Achetez !
À VENDRE
Qu'est-ce que tu vends ?
À VENDRE
De l'air en bouteille, monsieur !
Tu vends de l'air ?
Pourquoi pas ! Il fallait bien que quelqu'un le fasse !
À

TROU DE MÉMOIRE

Elle était drôle, la pub !
Ah, oui ? C'était une pub de quoi ?
J'sais pas.
Et la marque ?
J'sais pas non plus.
Ouin, elle était vraiment bonne, ta pub !
Quelle pub ?

C'EST FOU !

C'est fou, c'est rendu qu'il y a de la pub partout !
Dans les autobus, sur les autos...
... sur Internet...
... et même dans les toilettes !
Ça n'a aucun bon sens !
Il faut absolument faire quelque chose !

ENFIN, LA PAIX !

Enfin, la paix !
Loin de tout; pas de téléphone...
... ni de télévision, ni de pub !
Tiens ! Une noix de coco !
Bravo ! 1000e client !
Plan B ?
Changer de planète !

POUR OU CONTRE LA PUB ?

C'est quoi, ce casque ?
Un casque anti-pub !
Ça protège contre toutes les formes de publicité.
Et puis, est-ce que ça marche ?
J'sais pas, mais la pub dit que oui !

COMPLÈTEMENT HYPNOTISÉ...

Salut !
Léon, ça va ?
Léon ?
Youhou, Léon ?
W

À VOTRE GOÛT ?

Voici mes toutes dernières toiles !
C'est beau !
Merci...
Je me demande ce qu'il essaie d'exprimer dans ses toiles...
Il me semble que c'est bien clair, non ?
Léon, tu viens ? On va manger !
!
J'arrive !

MALAISE...

Wow, quelle sculpture !
Magnifique !
Du grand art !
Ça doit valoir une fortune !
Euh, pourquoi parlez-vous à mon nouveau portemanteau ?
!!

ABSTRAIT PAS À PEU PRÈS !

Bof...
Ouain, c'est vraiment très ordinaire.
Mais qu'est-ce que ça représente au juste ?
Attends !
Ah, voilà ! C'est beaucoup mieux comme ça.
Ah, oui, un vrai chef-d'œuvre !

MÉCHANTE INSOMNIE

Je déteste l'insomnie.
Elle m'empêche de dormir...

C'EST GRAVE !

Salut...
Léon, ça va ?
?
Pas vraiment. J'ai un gros problème d'appétit.
Quoi ? Tu n'as plus faim ?
Au contraire, j'ai toujours envie de manger !
Y me semblait, aussi !

OUF ! TOUT UN RÉGIME...

Bonjour, qu'est-ce que je peux faire pour vous ?
J'aimerais avoir une santé de fer.
Bien sûr ! Mangez plus de fruits et de légumes, moins de sucre et de gras...
... buvez plus d'eau, faites de l'exercice régulièrement, et ça devrait aller.
Suivant !
UN PEU PLUS TARD... CHEZ LÉON
Pas mal plus simple comme protection ! Un peu chaud, par contre...

PRIS SUR LE VIF !

J'ai un secret vraiment fantastique pour rester en santé...
Quand ça va mal ou que quelque chose de difficile m'arrive, je prends ça en riant.
Et soudain, je me sens beaucoup mieux dans ma tête et dans mon corps.
Ha ! Ha ! Ha !... Haaaa... ouchhhhhhh !

BONNE NOUVELLE

Ils disent que le sommeil est très important pour la santé.
Ah, oui ? C'est cool !
Étant donné tout le sommeil que j'ai accumulé...
... je n'ai pas à m'inquiéter de mon état de santé pour plusieurs années !

DRÔLE DE MÉDECIN

Salut !
Et puis, ta visite chez le docteur ?
Super !
Donc, tu n'es pas malade ?
Au contraire, je suis trop en santé !
Trop en santé ?
Oui, tellement qu'il m'a prescrit une cure intensive de télé et de jeux vidéo !
Ah, oui... C'est qui, ton médecin ? Le Dr Léonovitch ?
Euh, oui, je crois que c'est ça !

POTION MAGIQUE !

Salut le Chat !
Oh... Tu n'as pas l'air en superforme, toi !
Je n'ai pas d'énergie...
Ça tombe bien, j'ai une potion magique vraiment incroyable. Tiens, bois ça !
Wow, ça marche ! C'est quoi ?
De l'eau !

MONTER, DESCENDRE...

Les vitres électriques, c'est trop cool !
En haut, en bas !
En haut, en bas !
Je pourrais faire ça toute la journée...
... euh, j'ai FAIT ça toute la journée !

DING ! DONG !

DING! DONG!
Bonjour ! C'est pour un sondage.
Ah, oui ? C'est quoi, la question ?
Oui ou non ?
Euh...
Dis oui !
Euh... oui !
Merci, bye !
Je pense avoir bien répondu...

Frotte-moi, et tous tes vœux seront exaucés.
Oups, ça ne passe pas !
Ouin, tout un génie !
Attends, ne me laisse pas là, j'suis pris !

IMPOSTEUR...

Je suis Mozart !
Je suis Beethoven !
OK, OK,
je suis Léon...

FAUSSE NOTE

Toi, là-bas...
... viens ici !
Par là !
Je déteste les
fausses notes !

DRÔLE DE MUSIQUE !

Coudonc ! Qu'est-ce que tu écoutes pour rire comme ça ?
Une comédie musicale !

FLÛTE ALORS !

La flûte à bec, c'est pas pour moi.

OUÏ-DIRE...

Si on n'avait pas d'oreilles, la musique n'existerait pas.
C'est vrai !
Et les lunettes non plus, d'ailleurs.
?
C'est quoi, le rapport ?
Eh bien, elles ne pourraient pas tenir !

TEL EST PRIS QUI CROYAIT PRENDRE !

Oui, je sais, je suis très beau.
On dit même que j'ai un charme fou !
Et Annie Groovie n'y est pour rien.
Je me suis fait tout seul !
Non, non, je plaisantais...
Annie ?
Youhou ?
Allô ?